される
子どもたち

排除型社会における新たな人間像

土井 隆義

岩波ブックレット No. 759

第一章　コミュニケーション偏重の時代

1　格差化する人間関係のなかで

「圏外」表示による不安

ケータイ(携帯電話)の使い方について、ある若い人たちのグループと雑談をしていたときのことです。そのなかの一人が、ケータイ端末の画面に「圏外」の表示が出ると、不安が募《つの》ってパニックになってしまうと話してくれました。彼の発言に対して、少なからぬ仲間が肯《うなず》いていたところをみると、その感覚はどうやら彼だけのものでもないようでした。

ケータイに電波が届かない状況をたんに不自由だと表現するのではなく、パニックになってしまうと大仰《おおぎょう》に形容する心理の裏には、彼らが日々の友だち関係をマネージメントするにあたって、ケータイが必須のツールになっているという事情があるようです。若い人たちは、ケータイを介してつねに接続しあい、互いの意向を確認しあっています。ケータイ端末の画面に表われた「圏外」表示は、その友だち関係の圏外へと自分がはみ出してしまったことを意味するのです。

彼らのあいだでは、即レス(メールを受信したらその場で直ちに返事を送信すること)が、ケータイを介した対人関係における基本的なマナーとなっています。このようなマナーが期待されるのは、メール交換の第一の目的が、何か用件を伝えることにあるのではなく、互いに触れあうこと自体にあるからです。即レスを返さないという態度は、いってみれば、タッチしてきた相手の手を振り払うようなものとみなされているのです。

ところが、さらに詳しく話を聞いていくと、「圏外」表示がもたらす不安感は、仲間に対して自分がマナー違反を侵してしまう後ろめたさから来るものというよりも、この世界から自分だけが消え去ってしまったかのような感覚から来るものだと、彼らは語ります。それは、自分が誰からも認知されず、この世界に存在すらしていないかのような感覚だそうです。もし、そうだとすれば、彼らの不安感とは、じつは圏外に対して彼ら自身が抱く感覚の反映ではないでしょうか。

昨今の若い人びとは、そして後に述べるように、じつは年長の人びとも同じなのですが、自分にとって不都合なものを目に触れる世界から追い出してしまい、認知の対象とすらしない傾向を強めているように見受けられます。そもそも最初から存在しなかったことにしてしまうのです。ある大学生は、うっとうしい相手からのメールや電話に対しては、ケータイ端末に着信表示も着信音も出ないように設定してあると述べて、そのことを「圏外にしてある」と表現していました。

人間関係の維持に必須のツールとしてケータイを駆使する若い人たちが、その端末の「圏外」表示に覚える強い不安は、このように不都合な人間を圏外化しようとする心性の裏返しではないでしょうか。だからこそ、いざその圏外に自身が置かれてみると、あたかも友だちの対象から自分が消去されてしまったかのように感じ、パニックにおちいるのではないでしょうか。

これから本書では、最近の若い人たちがよく使用する「キャラ」という言葉をキーワードに、このような心性の広がりとその社会的な意味について考えてみたいと思います。

その前にお断わりしておきたいことがあります。本書では、考えを深めていくための素材として青少年事件をいくつか取り上げますが、加害者の言動に関する情報は、すべてマスメディアが報じたものです。それらがすべて正確かどうか私には判断できません。また、今後の新たな情報の追加によって、それらの意味づけが変わることもありえます。そもそも、ごく特殊な事件から一般的な教訓を引きだすには留保が必要です。したがって、あくまで限定つきの一解釈にすぎないことを前提に、本書をお読みいただければと思います。

世界から消去された感覚

二〇〇八年六月に東京の秋葉原で、一七人無差別連続殺傷事件を起こした当時二五歳のK青年は、ネット掲示板にケータイから書き込んでいた自分のメッセージに対して、誰からも反応が返ってこないことに疎外感を強めていったといわれています。いくら便利になったとはいえ、それでも使用場所が限定されるパソコンと異なり、いつどこへでも持ち歩けるケータイは、つねに誰かとつながっている実感を与えてくれる装置です。その常時接続の装置に一つもレスが入らなければ、自分が世界の外部に置かれたような感覚を抱いたとしても不思議ではないでしょう。

このK青年は、世界から自分が消え去ってしまったかのような感覚にとらわれ、その自分の存在を訴えるために、あのように衝撃的な事件を起こしたのではないでしょうか。自動車工場の派遣社員であった彼は、不安定就労の生きづらさを抱えていたといわれています。その観点から事件を眺めるなら、ケータイにまったくレスが入らなかったことに事件の原因を求めるのは見当違いかもしれません。しかし、少なくとも事件の引き金にはなったように思われるのです。

彼は、ケータイを使ってネットにこう書き込んでいました。「一人で寝る寂しさはお前らにはわからないだろうな」「ものすごい不安とか」「彼女いる奴にも彼女いない時期があったはずなのに、みんな忘れちゃってるんだよね」「勝ち組はみんな死んでしまえ」。ちょうどワーキング・プアが世間で大きくクローズアップされた時期と重なったために、この「勝ち組」という言葉が一人歩きをし、彼の職歴と関連づけられて、マスメディアでは経済格差の発露としてこの事件が報じられました。雇用に対する不安と格差への怒りが犯行の動機だと解釈されたのです。

若い人たちの劣悪な雇用環境が今日の重大な社会問題であることは事実ですし、この事件をきっかけにその問題が大きくクローズアップされたことは、たしかに不幸なことではあったものの、非常に大きな意味もあったと思います。しかし、文脈をたどりながら彼の書き込みを読んでいけば、彼にとっての勝ち組とは、充実した人間関係を生きる人びとだったことが分かります。彼が一番に問題としていたのは、じつは人間関係の格差なのです。

もちろん、派遣社員という境遇は人間を孤立させ、疎外感を招きやすい傾向にありますから、雇用の格差と関係の格差が、相互に密接なものであることを否定はしません。ただ、彼自身の思いのなかでは、派遣社員としての生活の不安定さよりも、「彼女」に象徴されるような理想的な人間関係を紡《つむ》げない疎外感のほうが、ずっと深刻な問題だったように思われるのです。

彼は、事件を起こすために、自分が住んでいた静岡から東京へトラックで向かいました。しかし、その犯行場所は、勝ち組の象徴である六本木ヒルズでも、格差社会の元締である霞が関の官庁街でもありませんでした。それらを通り越した秋葉原で事件を起こしたのです。彼は、逮捕後にこう供述しています。「現実の世界でもネットの世界でも孤独になった。ネットの世界の人間に自分の存在を気づかせてやろうと思い、どうせやるなら大きな事件を起こそうと考えた」。彼は、自らの存在証明にとって秋葉原こそが最適な場所だと考えたのではないでしょうか。

K青年が模倣したと供述する事件が、同年の三月に茨城県土浦市で起きています。JR荒川沖駅構内で、同じくKをイニシャルにもつ当時二四歳の青年が、八人を無差別連続殺傷する事件を起こしたのです。こちらのK青年も、できれば秋葉原で事件を起こしたかったが、犯行前に取り押さえられる可能性があったので、しかたなく地元の荒川沖駅で事件を起こしたと語っています。

精神科医の斎藤環さんは、作家の酒井順子さんとの共著のなかで、今日の若者の心性を経済的な立場から区分することには無理があり、ヤンキーやオタクといったトライブ（種族）の観点から捉えるべきだと指摘しています。経済的な立場とトライブには重なる部分もありますが、必ずしも一致するわけではありません。自分の存在をアピールする場所として秋葉原を選んだのは、あるいは選ぼうと思ったのは、九・一一テロを起こした人間にとって、米国の世界貿易センタービルが世界の中心だったように、ネットゲームの世界やアキバ系といった彼らの属するトライブにとって、秋葉原のあの交差点こそが世界の中心だったからではないでしょうか。

ところが、どちらのK青年も、犯行の対象についてはまったく無関心で、「被害者は誰でもよかった」と供述しています。それは、人間関係の圏外へはみ出してしまった自分をふたたび圏内へ引きもどし、その存在を誇示するための道具立てにすぎなかったからではないでしょうか。けっして恨みや怒りをぶつけたい対象ではなかったからではないでしょうか。土浦市のK青年は、犯行後に被害者の様子について問われたとき、「知らない、見ていない」と答えています。

この青年は、事件の四日前に同市で起こした最初の殺人の後、自らの手で一一〇番し、「犯人は俺だ。早く捕まえてごらん」と警察を挑発しています。この言葉は、私には「早く捕まえて」という叫びに聞こえます。じっさい、事件の直後には最寄りの交番へ出向き、そこに警官が不在と知るや、自ら通報電話をかけて警官の到着を待っているのです。また、最初の殺人の後、しばらく秋葉原に潜伏したものの、遠くへ逃走することもなく、ふたたび地元へ舞い戻って事件を起こしたことを考えると、彼にとって世界の圏内は秋葉原と地元だけだったようにも思われます。

彼は、自分が通った小学・中学・高校を襲撃する事件も計画していましたが、それぞれの犯行現場には、同一犯と分かるように同じマークを残そうと考えていたと語っています。また、秋葉原のK青年も、犯行の直前まで、ケータイからネット掲示板に予告文を何度も書き込んでいます。こうしてみると、二人のK青年の犯行は、社会に対する異議申し立てというよりも、自分の属するトライブやごく身近な人びとに、自らの存在を訴えるための手段だったように思われるのです。

カースト化する人間関係

秋葉原のK青年は、自分のケータイ端末のアドレス帳やメールの送受信記録を、犯行前にすべて消去していました。自分が逮捕された後で、知り合いや友だちが警察から事情を聴かれるのを防ぐための配慮だったそうです。一方で何の落ち度もない人びとを一七人も殺傷しておきながら、他方で「周囲に迷惑をかけたくなかった」と過剰に気づかう意識の落差がここには見受けられます。そしてこの落差は、彼がイメージする日常世界の狭さを象徴しているようにも思われます。

じっさい、彼のイメージのなかにあった勝ち組とは、企業家として成功したヒルズ族のような人たちではありませんでした。自分と同じトライブに属しながら、しかし友だちや恋人とうまくやっている人たちであり、また、自分と同じ工場で働いていながら、しかし正社員の立場の人たちでした。たとえ彼の犯行に恨みや妬みの要素があったとしても、それは経済階層の高い人びとや社会全体に対するものではなく、自分と同じか近い立場にありながら、しかし「リア充」と称されるような、現実（リアル）の生活が充実している人びとに対するものだったはずです。

彼の犯行後、ネット掲示板にはそれを革命と称して英雄視する書き込みが少なからず見受けられました。また、この事件に触発されて自ら犯行予告を書き込む人たちも後を絶ちませんでした。事件後の一か月間で、ネットに犯行予告を書き込んで通報された件数は、東京都だけでも一〇〇を超えたそうです。彼らは、理想的な人間関係からの疎外感を、おそらくK青年と共有していたのでしょう。だから、自分の犯行予告がネット上で注目を浴びることで、その存在感を獲得したいと望んでいたのではないかと思われます。

ただし彼らは、自分の書き込みが世界中から閲覧されうるという感覚に乏しかったようです。警察に摘発されて初めて事の重大さに気づくお粗末さは、彼らの自己顕示欲の矛先が社会全体へと開かれたものではなく、同じネット仲間に閉じられたものだったことを物語っています。その感覚は、たとえば仲間に見せるつもりでプロフ（自己紹介サイト）に掲載した自分のプライベート写真が、ネット上に流出して初めて世界とつながっていることに気づく中高生たちと同じです。大阪では、ドラッグストアで販売しているヘアワックスに画鋲《がびょう》を入れたとブログに書いた高校生が、たまたまそのブログを店員が見ていたことから事件が発覚して補導された例もあります。

このような日常世界の狭小化は、もっと身近な場面でも、たとえば中学や高校の教室でも、さらに顕著なかたちで見受けられるようになっています。いまの学校では、クラスの一体感がなくなってきているとよくいわれます。最近の中高生たちは、数人程度の小さなグループに分かれ、その閉じられた世界のなかで日常生活を営んでいるからです。グループの内部だけで人間関係が完結してしまっているために、たとえ同じクラスの人間であっても、グループが違えば別の世界の人間になってしまうのです。

彼らは、「格が違う」とか「身分が違う」などと形容して、グループ相互の上下関係に過剰なほど気をつかいあっています。そして、格や身分が違う人たちのグループとは、それが下である場合だけでなく、上である場合でも、なるべく交友関係を避けようとします。いわゆるスクール・カーストです。カーストとは言いえて妙で、教室という同じ空間を共有しながら、カースト間の交流はほとんど見られません。昨今のクラスは、このカーストによって複数の層に分断されているために、一つのまとまりとして成立しづらくなっているのです。

昨今の中高生たちの交友関係では、このような格や身分の違いが非常に重視され、言葉づかいや立ちふるまい方、はてはファッションに至るまで、グループ間でその流儀を異にしています。そして、グループの違う人たちの真似をすることはほとんどありません。カーストの違う人たちは、日常世界から圏外化されているからです。互いの交通手段を欠いた離れ小島のように、それぞれのグループが孤立したまま、クラスという大海に点在しているのです。

「優しい関係」の広がり

今日の中高生たちの感覚では、グループの外部はそのまま日常世界の圏外を意味します。したがって、そこには敵対的な関係も存在しません。そもそも意味ある人間関係が成立していないのです。外部に敵がいれば、それを刺激剤にして、グループ内の人間関係は活性化しますし、互いの結束力も強まります。個別のメンバーにとっても、外部の敵に立ち向かうことで、グループの仲間から肯定的な評価を受け、グループの内部でしかるべきポジションを獲得することができます。たとえば、かつての非行グループとはそういうものでした。

しかし、現在はそのような敵がどこにも見当たらなくなっているために、グループ内の人間関係は活性を失って、場の空気も澱《よど》んでしまいがちになっています。また、敵へ向けて集団的なエネルギーが発散されることもないので、グループ内での人間関係の圧力が逆に高まっています。個別のメンバーにとっても、外部の敵に対抗するという共通目標の下で、自分に割り振られた独自の役割がありませんから、グループ内に自分の安定した居場所を確保することが難しく、それぞれが互いをターゲットにして、グループ内で熾烈《しれつ》なポジション争いが繰り広げられています。

敵対関係の消失は、グループどうしだけでなく、大人や社会との関係にも見受けられます。表面上は反社会的な行動をとる非行グループですら、今日ではそのような傾向が強まっています。

たとえば、オヤジ狩りをする少年たちは、大人社会へ反抗を示すために、あるいはオヤジに憎悪を向けて、路上強盗をしているわけではありません。グループ内の人間関係をうまく転がしていくための共同作業として、日常世界の圏外にいるオヤジを襲っているにすぎません。彼らのまなざしは、オヤジへ向けられているのではなく、自分たちの人間関係へ向けられているのです。

このように、今日の子どもたちは、互いの関係を維持していくために、その関係のあり方それ自体をつねに自覚せざるをえない状態にあります。つながりあうことそれ自体が、関心の焦点とされるようになっているのです。たとえば、漫才などのお笑い芸人たちは、自分とコンビを組む相棒を相方と呼びますが、最近の若い世代でも、友だちを相方と呼ぶ人たちが増えています。これは、お笑い芸人の世界を模した友だち関係を、彼らが営んでいることを示唆しています。

若い人たちは、グループのなかで互いのキャラが似通ったものになって重なりあうことを、「キャラがかぶる」と称して慎重に避けようとします。それは、グループ内での自分の居場所を危険にさらすからです。しかし、グループ内に配分されたキャラからはみ出すことも、また同時に避けようとします。それもグループ内での自分の居場所を危険にさらすからです。一般に、芸人の世界はボケとツッコミの相補関係で成り立っていますが、彼らもまた、ボケ役とツッコミ役のように互いに補完しあうキャラを演じることで、人間関係の維持を図ろうとしているのです。

近年、大流行した「空気が読めない（ＫＹ）」も、元来はボケに対してツッコミがつかった言葉であり、それが一般へと広まったものです。ツッコミはボケを本気で批判しているわけでなく、お笑いの芸を成立させるためのネタにすぎません。同様に、若い人たちがよく用いるＫＹも、けっして本気で相手を指弾するものではありません。そのことで場の空気を乱してしまっては、自分のほうが空気を読めない存在になってしまうからです。

ＫＹだと指摘された側も、その指摘に本気で反応して怒ってしまっては、それこそ空気を読めない存在だと自己証明しているようなものです。むしろ、そのキャラを適当に受け入れ、場をうまく受け流す術を心得ていなければなりません。彼らは、人間関係をうまく転がしていくために、かけあいのネタとしてＫＹを使用しているにすぎないのです。だから、そのことで本当に衝突してしまっては元も子もなくなってしまうのです。

このような意味で、彼らが予定調和の世界から出ることはなく、相補関係を傷つけるような対立は、表面化しないように慎重に回避されています。彼らが求めているのは、摩擦のないフラットな関係なのです。私は、このような人間関係を「優しい関係」と呼んでいます。しかし、その心地よい関係がいつまでも続くとは限りません。予定調和の世界を堅持するために、また相補関係の強化を求めて、キャラの過剰な演じあいや押しつけが生じることもあります。ときには、いじりキャラといじられキャラがデフォルメ化され、固定化されることもあるのです。

2　コミュニケーション至上主義

画一性から多様性へ

ことの善悪は別にして、オヤジ狩りのような共同作業を行なえるグループでは、まだ多少は外部との接点が残されていますから、それほど互いを傷つけあわなくてもすみます。しかし、外部に刺激を見出せないグループには、自分たちの関係それ自体をいじり回すことにしか、関係を活性化させるための手段が残されていません。ここに、「いじり」と称される今日的ないじめが起きることになります。それは、差別感情に根ざした従来のいじめとは異なるものです。

多くの教育評論家が指摘してきたように、従来のいじめは、多様性を否定し、規格に合わせようとする学校共同体に、生徒たちが強制的に囲い込まれた結果として理解できました。かつての学校文化が、その価値観にそぐわない異質な人びとを排除しようとする性質を強くもっていたのは事実でしょう。そのため、学校文化に染まった生徒たちは、自分たちの規格から外れた異質な者に対しても、その排斥的な視線を向け、それがいじめを生み出していたといえます。

かつて、画一的な道徳規範を若い世代に押しつけようとする社会の圧力が強力だった頃は、その枠組のなかへ生徒たちを囲い込もうとする学校文化の圧力もまた相当なものでした。したがって、その抑圧に抵抗しようとして若い世代が独自に築いていた青年文化や少年文化もまた強力なものでした。教師の圧力に抵抗するために、非行文化のような対抗文化が形成され、その文化を共有することで、互いの強いつながり意識が保たれていたのです。

学校文化のなかで望ましい自己像を得ることが難しい少年たちは、その価値観を反転させた独自の文化に同調することで、自らの肯定感を保持しようとしていました。だから、たとえば学校の教師に気に入られるような行動をとれば仲間からは蔑《さげす》まされ、教師に反抗的な態度をとれば仲間からは称賛されたのです。学校文化に反する行為こそが、彼らの仲間内では賞賛の的でした。

したがって当時は、学校文化の下においても、あるいは非行文化の下においても、周囲の仲間から肯定的な評価を受ける者と、否定的な評価を受ける者との違いが明白だったといえます。学校文化に対して反動形成されたものが非行文化ですから、両者のあいだでは物差しが反転していたにすぎません。いずれの文化の下でも、人物評価の基準それ自体は明瞭なものだったのです。

ところが、一九八〇年代のなかばあたりから、日本社会を支えてきた価値観は急速に多元化し始めます。それと平行して、人びとの欲望も大幅に多様化していきます。いわゆる消費資本主義社会の到来です。そのため、産業界が学校に期待する人材も、画一的な大量生産を前提とした工場労働を担うような均質な人間ではなくなり、多種多様な欲望にもとづいた商品ニーズに応えうるような創造的な感性をもった人間へと移っていきました。政府の教育政策も、産業界からのこのような要請を受けて、大きな方針転換を迫られます。画一化の弊害が指摘され始めた従来の教育に代わり、新たな教育理念として「個性の重視」が登場してきたのです。当時、中曽根内閣の下で臨時教育審議会が出した答申は、その方針転換を象徴するものでした。

強まる人間関係の拘束力

今日の子どもたちは、多様性を否定する画一的な檻《おり》のなかへ囲い込まれていた時代とは異なって、むしろ多様性を奨励するようになった新しい学校文化のなかを生きています。学校の教師にも抑圧性を感じなくなり、仲間で団結して立ち向かう敵とはみなさなくなっています。そのため、学校文化に反旗を翻《ひるがえ》すことで成立してきた非行文化は、その基盤を徐々に失いつつあります。

しかし、いくら多様性が賞揚されるといっても、あらゆる個性のあり方が学校で受容されるわけではありません。そもそも周囲の期待にそうものでなければ、その個性が肯定的な評価を受けることはありません。とりわけ学校は、他人との密接な関係をなかば強制された空間です。そのため、今日の子どもたちは、かつてのように画一的な評価の物差しを押しつけられなくなった代わりに、今度は、身近にいる個別の人間から逐一に評価を受けざるをえなくなっているのです。

多様な個性のあり方が賞揚される現代では、普遍的で画一的な物差しによってではなく、個々の場面で具体的な承認を周囲から受けることによって、自己の評価が定まることになります。平たくいえば、そこでウケを狙《ねら》えるか否かが、自己評価にあたって重要な判断材料となるのです。しかも、客観的な評価の物差しがそこに存在するわけではありませんから、相手がどのような反応を示すかは前もって予想しづらく、評価された結果を待って初めて判断されることになります。すなわち、自己承認を得られるか否かは、その時になってみなければ分からないのです。

かつて、社会の側に安定した価値の物差しがあった時代には、時々の場の空気や気分などによって、個々の評価が大きく揺らぐことはありませんでした。だから、周囲の人びとによる一時的な評価を過剰に気にかけたり、それに翻弄《ほんろう》されることも少なかったといえます。場合によっては、「我が道を進む」と孤高にふるまうことすらできました。社会の物差しを自らの内面に取り込み、それを自分の物差しとすることで、自己肯定感の安定した基盤を確保できたからです。また、そういった支配文化に違和感を覚えていた少年たちも、対抗文化の物差しを自らの内面に取り込み、それを自分の物差しとすることで、自己肯定感の安定した基盤を確保することができました。いずれにせよ、自分が属する文化の正当性に裏づけられたジャイロスコープ(回転儀)が自分の内部で作動していたので、それを支えに一人で立っていることも容易だったのです。

しかし、人びとの価値観が多元化し、多様な生き方が認められるようになった今日の社会では、高感度の対人レーダーをつねに作動させて、場の空気を敏感に読み取り、自分に対する周囲の反応を探っていかなければ、自己肯定のための根拠を確認しづらくなっています。いわば内在化された「抽象的な他者」という普遍的な物差しが作用しなくなっているために、その代替として、身近にいる「具体的な他者」からの評価に依存するようになっているのです。

今日の若い世代が、ケータイの「圏外」表示に強い不安を感じ、友だち関係から疎外されることを過度に恐怖するのは、このような理由によるところが大きいと思われます。身近な人間から受ける個別の評価が圧倒的な力をもち、そのために人間関係の拘束力がかつてよりも大幅に強まっているのです。ＫＹという言葉は、まさにその生きづらさを象徴しているように思われます。

誤解のないように述べておきますが、かつてのように規範の拘束力が強かった時代のほうが、子どもたちは幸せだったと述べているのではありません。その時代は、画一的な物差しを強引に押しつけてくる社会の抑圧力が非常に強く、当時の子どもたちは、その抑圧力のなかで鬱積《うっせき》した生きづらさを抱えていたはずです。特定の枠組を強制されるうっとうしさから解放され、多様な生き方が認められるようになったという点では、現代のほうがはるかに生きやすい時代でしょう。

今日の問題は、多様性の賞揚に由来する新たな困難が、身近な人間関係の拘束力の強まりというかたちで表われている点にあります。ですから、過去と比較して、生きづらさが増大しているか否かを問うことには意味がありません。むしろ、その生きづらさの性質が、社会の拘束力の強さにもとづくものから、人間関係の拘束力の強さにもとづくものへと、時代とともに変化している点に目を向けるべきなのです。

コミュニケーション能力の専制

価値観が多元化し、人びとの関心対象が千差万別になった世界で、相手の反応を鋭敏に読みとってつねに良好な関係を保ち、相手からの評価を得やすいように自分の個性を効果的に呈示し続けるのは非常に困難なことです。しかし、それは同時に、自己肯定感を保っていく上で必須の営みでもあります。そして、その営みをこなすために必要となるのは、なんといっても他者と円滑なコミュニケーションを営む能力でしょう。

スクール・カーストでの生徒たちの序列づけも、勉強やスポーツが得意か否かによってではなく、友だちと一緒にいる場を盛り上げ、その関係をうまく転がしていけるようなコミュニケーション能力の高低によって決まってきます。いまの教室は、その能力が専制力をもった空間なのです。その意味で、コミュニケーション能力こそが自己肯定感の基盤になっているともいえます。

コミュニケーションの対象とされるべき共通目標があれば、その技法が多少は下手であっても、目前の切実な必要に迫られてなんとか意志疎通を図ろうとしますから、コミュニケーション能力の有無は二の次の関心事となります。しかし現在は、人びとの関心対象が千差万別になったことで、コミュニケーションされるべき切実な話題は少なくなっているにもかかわらず、自己肯定感の基盤であるコミュニケーションの場はつねに確保され続けなければなりません。その結果、コミュニケーションの形式やその能力だけが極端にクローズアップされることになります。

しかし、よく考えてみれば、コミュニケーション能力ほど、その評価が他者の反応に依存するものはありません。コミュニケーションとは、その原理的な性質からして、けっして自分の内部で完結するものではなく、つねに他者との関係の総体だからです。コミュニケーション能力は、相手との関係しだいで高くも低くもなりうるものです。それは、じつは個人がもっている能力ではなく、相手との関係の産物なのです。その意味では、スクール・カーストもかなり偶然性に左右されています。しかし、だからこそ、自分の努力では変えられない強い拘束力をもつのです。

フラット化する交友関係

現在の日本では、多様な生き方がそれぞれ等価なものとして認められるようになり、ものごとの価値にも絶対的な序列性がなくなっています。とくに若い世代においてはそうです。そんな状況のなかで、もっとも序列性が表面化しやすく、そして拘束力をもっているのがコミュニケーション能力です。いや、あらゆる価値が相対化されてきたからこそ、互いに異なった価値観をうまく調整しあうために、そして対立や衝突を避けるために、コミュニケーション能力だけが絶対的な優位性をもち、人びとを序列化するようになったといったほうが正確かもしれません。

しかし、若い人びとのあいだには、いったんどこかのグループ内に入ったら、けっして誰か特定の人物が優位に立ってはならないという原則も存在しています。互いに対等でなければならないという強い規範があるのです。たとえボケとツッコミの関係にあっても、ツッコミ役が上位になるわけではありません。実際のお笑い芸人たちがそうであるように、ボケ役のほうが立役者でもあったりするくらいで、両者のあいだに上下関係が存在しているわけではないのです。

万が一、人間関係が序列化されそうな場合は、たとえば怒りキャラと怒られキャラの関係に、あるいはいじりキャラといじられキャラの関係に置き換えられることで、互いの立場がフラット化されます。いじめのターゲットに対しても表向きはそうです。「いじめていたのではなく、いじっていただけだ」というしばしば耳にする加害側の言い訳も、じつはここから来ています。

先ほど述べたように、今日のクラスで、カーストの違うグループとの交友関係が避けられるのも、序列化された関係をあらかじめ回避するための技法の一つといえます。そもそも現代は、ものごとの価値に絶対的な序列性がなくなった時代です。「上から目線」を嫌悪し、できれば人間関係からも序列性を排除したいのが本音でしょう。だから、どうしても上下関係になりそうな人間は、異なるカーストとして最初から圏外化してしまい、認知の対象とすらしないのです。

したがって、同じグループの内部で、対等性のバランスがわずかでも崩れると、とたんに被害感情が募っていくことにもなります。今日、いじめの理由としてよく使われやすい口実が「正当防衛」である背景には、このような事情があります。対等性の微妙なバランスを保ち続けるためには、グループ内の一人ひとりに配分されたキャラをはみ出すことはタブーなのです。

では、このような若い人たちの人間関係は、どのような人間像を生み出しているのでしょうか。彼らの世界では、人物像を語る用語としてキャラという言葉が定着しています。次章では、この表現を手がかりに、いま日本に広がりつつある新しい人間像について考えてみたいと思います。

第二章　アイデンティティからキャラへ

1　外キャラという対人関係の技法

同質的な関係への憧憬

一九八〇年代に登場したカラオケ・ボックスはいまだに健在ですが、若い人たちの使い方を見ると、かつてのように一斉にみんなで盛り上がるための場というよりも、一緒にいる時間をやり過ごすための場となっている印象を受けます。狭い空間なので親密性は保たれながら、しかし面と向き合って会話を交わさなくても、各自が好きな歌を勝手に歌いあっていれば、時間と空間を共有し続けられるからです。そのため、彼らにぴったりの社交場となっているのでしょう。

若い人たちの人間関係は、自己肯定感を維持するための基盤ですから、たとえ差し迫った切実な話題がなくても、コミュニケーションの場はつねに確保されていなければなりません。しかし、具体的な他者の反応に根拠を置くわけですから、その肯定感は相手しだいで大きく揺らぎます。そのため、少しでもそれを安定させようと、できるだけ自己承認を得やすい安全パイの関係が求められ、「類友」と称されるような同質の人間だけと結びつこうとします。ボケとツッコミの関係も、予定調和の枠組から外れないという点では、そのバリエーションの一つにすぎません。

他方、異質な人間とは、適度な距離をもって付きあったり、あるいは対決を試みたりするのではなく、そもそも最初から認知対象の圏外へと押し出してしまいがちです。自分の内部に安定した肯定感の基盤があれば、それを拠《よ》り所にして異質な人間とも接触を保ち続けたり、場合によっては対立を表明したりすることもできるでしょう。しかし、いまはその基盤を自らの内面にもちえず、他者の反応にその役割を求めているために、目の前に現われた異質な人間は、自己肯定感を根底から揺さぶり、危機にさらしてしまうのです。

ところが、ひたすら同質の類友だけとつながっている日常は、意外性による刺激を受けることがありませんから、徐々に活気を失って空気が澱んできます。このとき、関係の維持に脅威とならない対立軸を集団内にもち込むことで空気を掻《か》き回し、澱んだ関係を再活性化するためのテクニックとして登場してくるのが、いじりやすい生徒のキャラを標的とした今日のいじめです。

今日、いじめの標的にされるのは、同じスクール・カースト内の生徒か、せいぜいが隣りあったカーストまでです。最上位のカーストの生徒が、最下位のカーストの生徒をいじめることは、もちろん皆無ではありませんが、現実にはほとんど見受けられなくなっています。カーストが異なる人たちは、そもそも認知対象の圏外にいるので、いじめの対象にもならないのです。

したがって、今日のいじめの多くは、異質な人間を排除しようとするものではなく、異質な人間がすでに圏外化されてしまった類友の世界で、同質な者どうしによる常時接続の息苦しさに風穴を開けようとするものです。しかし、いくら同質な者どうしの関係といっても、各自の関心対象は基本的に千差万別になっていますから、そこで最後まで共有されうるのは、対立をはらまない限りにおいて互いの差異を認めあうという基本的な態度だけです。なにか具体的な目標を共有することでつながっているわけではありませんから、表面上はいくら同質的な関係に見えても、一皮むけば簡単に傷つきやすく、じつは非常に危うい関係になっているともいえます。

キャラクターからキャラへ

着せ替え人形のリカちゃんは、一九六七年の初代から現在の四代目に至るまで、世代を超えて人気のある国民的キャラクターです。その累計出荷数は五千万体を超えるそうですから、まさに世代を越えた国民的アイドルといえるでしょう。しかし、時代の推移とともに、そこには変化も見受けられるようです。かつてのリカちゃんは、子どもたちにとって憧れの生活スタイルを演じてくれるイメージ・キャラクターでした。彼女の父親や母親の職業、兄弟姉妹の有無など、その家庭環境についても発売元のタカラトミーが情報を提供し、設定されたその物語の枠組のなかで、子どもたちは「ごっこ遊び」を楽しんだものでした。

しかし、平成に入ってからのリカちゃんは、その物語の枠組から徐々に解放され、現在はミニーマウスやポストペットなどの別キャラクターを演じるようにもなっています。自身がキャラクターであるはずのリカちゃんが、まったく別のキャラクターになりきるのです。これは、評論家の伊藤剛さんによる整理にしたがうなら、特定の物語を背後に背負ったキャラクターから、その略語としての意味から脱却して、どんな物語にも転用可能なプロトタイプを示す言葉とな

別キャラを演じるリカちゃん

ったキャラへと、リカちゃんの捉えられ方が変容していることを示しています。

物語から独立して存在するキャラは、「やおい」などの二次創作と呼ばれる諸作品のなかにも多く見受けられます。その作者たちは、一次作品からキャラクターだけを取り出して、当初の作品のストーリーとはかけ離れた独自の文脈のなかで自由に操ってみせます。しかし、どんなストーリーのなかに置かれても、あらかじめそのキャラに備わった特徴は変わりません。たとえば、いくらミニーマウスに変身しても、リカちゃんはリカちゃんであるのと同じことです。

このような現象は、物語の主人公がその枠組に縛られていたキャラクターの時代には想像できなかったことです。物語を破壊してしまう行為だからです。こうしてみると、キャラクターのキャラ化は、人びとに共通の枠組を提供していた「大きな物語」が失われ、価値観の多元化によって流動化した人間関係のなかで、それぞれの対人場面に適合した外キャラを意図的に演じ、複雑になった関係を乗り切っていこうとする現代人の心性を暗示しているようにも思われます。

振り返ってみれば、「大きな物語」という揺籃《ようらん》のなかでアイデンティティの確立が目指されていた時代に、このようにふるまうことは困難だったはずです。付きあう相手や場の空気に応じて表面的な態度を取り繕うことは、自己欺瞞《ぎまん》と感じられて後ろめたさを覚えるものだったからです。アイデンティティとは、外面的な要素も内面的な要素もそのまま併存させておくのではなく、揺らぎをはらみながらも一貫した文脈へとそれらを収束させていこうとするものでした。

それに対して、今日の若い世代は、アイデンティティという言葉で表わされるような一貫したものとしてではなく、キャラという言葉で示されるような断片的な要素を寄せ集めたものとして、自らの人格をイメージするようになっています。アイデンティティは、いくども揺らぎを繰り返しながら、社会生活のなかで徐々に構築されていくものですが、キャラは、対人関係に応じて意図的に演じられる外キャラにしても、生まれもった人格特性を示す内キャラにしても、あらかじめ出来上がっている固定的なものです。したがって、その輪郭が揺らぐことはありません。状況に応じて切り替えられはしても、それ自体は変化しないソリッドなものなのです。

不透明な関係の透明化

では、自分の本心を隠したまま、所属するグループのなかで期待される外キャラを演じ続けることは、人間として不誠実であり、いい加減な態度なのでしょうか。現在の日本では、とくに若い世代では、どれほど正しく見える意見であろうと、別の観点から捉え直された途端に、その正当性がたちまち揺らいでしまいかねないような価値観の多元化が進んでいます。自己評価においてだけでなく、対人関係においても、一貫した指針を与えてくれる物差しを失っています。

現在の人間関係では、ある場面において価値を認められても、その評価はその場面だけで通じるものでしかなく、別の場面に移った途端に否定されるか、あるいは無意味化されてしまうことが多くなっています。人びとのあいだで価値の物差しが共有されなくなり、その個人差が大きくなっているために、たとえ同じ人間関係のなかにいても、その時々の状況ごとに、平たくいえばその場の気分しだいで、評価が大きく変動するようになっているのです。

私たちの日々の生活を顧みても、ある場面にいる自分と別の場面にいる自分とが、それぞれ異なった自分のように感じられることが多くなり、そこに一貫性を見出すことは難しくなっています。それらがまったく正反対の性質のものであることも少なくありません。最近の若い人たちは、このようなふるまい方を「キャラリング」とか「場面で動く」などと表現しますが、一貫したアイデンティティの持ち主では、むしろ生きづらい錯綜《さくそう》した世の中になっているのです。

しかし、ハローキティやミッフィーなどのキャラを思い起こせばすぐに気づくように、最小限の線で描かれた単純な造形は、私たちに強い印象を与え、また把握もしやすいものです。生身のキャラの場合も同様であって、あえて人格の多面性を削ぎ落とし、限定的な最小限の要素で描き出された人物像は、錯綜した不透明な人間関係を単純化し、透明化してくれるのです。

また、きわめて単純化された人物像は、どんなに場面が変化しようと臨機応変に対応することができます。日本発のハローキティやオランダ発のミッフィーが、いまや特定の文化を離れて万国で受け入れられているように、特定の状況を前提条件としなくても成り立つからです。生身のキャラにも、単純明快でくっきりとした輪郭が求められるのはそのためでしょう。

二〇〇八年には、ついにコンビニエンス・ストアの売上高が百貨店のそれを超えました。外食産業でもファーストフード化が進んでいます。百貨店やレストランの店員には丁寧な接客態度が期待されますが、コンビニやファーストフードの店員にはそれが期待されません。感情を前面に押し出して個別的に接してくれるよりも、感情を背後に押し殺して定形的に接してくれたほうが、むしろ気をつかわなくて楽だと客の側も感じ始めているのではないでしょうか。店員に求められているのは、一人の人間として多面的に接してくれることではなく、その店のキャラを一面的に演じてくれることなのです。近年のメイド・カフェの流行も、その外見に反して、じつはこの心性の延長線上にあるといえます。そのほうが、対面下での感情の負荷を下げられるからです。

　こうしてみると、人間関係における外キャラの呈示は、それぞれの価値観を根底から異にしてしまった人間どうしが、予想もつかないほど多様に変化し続ける対人環境のなかで、しかし互いの関係をけっして決裂させることなく、コミュニケーションを成立させていくための技法の一つといえるのではないでしょうか。深部まで互いに分かりあって等しい地平に立つことを目指すのではなく、むしろ互いの違いを的確に伝えあってうまく共生することを目指す技法の一つといえるのではないでしょうか。彼らは、複雑化した人間関係の破綻《はたん》を回避し、そこに明瞭性と安定性を与えるために、相互に協力しあってキャラを演じあっているのです。複雑さを縮減することで、人間関係の見通しを良くしようとしているのです。

　したがって、外キャラを演じることは、けっして自己欺瞞ではありませんし、相手を騙《だま》すことでもありません。たとえば、ケータイの着メロの選択や、あるいはカラオケの選曲の仕方で、その人のキャラが決まってしまうこともあるように、キャラとはきわめて単純化されたものに違いはありません。しかし、ある側面だけを切り取って強調した自分らしさの表現であり、その意味では個性の一部なのです。うそ偽りの仮面や、強制された役割とは基本的に違うものです。

　キャラは、人間関係を構成するジグソーパズルのピースのようなものです。一つ一つの輪郭は単純明快ですが、同時にそれぞれが異なってもいるため、他のピースとは取り替えができません。また、それらのピースの一つでも欠けると、予定調和の関係は成立しません。その意味では、自分をキャラ化して呈示することは、他者に対して誠実な態度といえなくもないでしょう。価値観が多元化した相対性の時代には、誠実さの基準も変わっていかざるをえないのです。

評論家の山本七平さんが指摘しているように、もともと日本は空気の支配力が強い社会です。しかし、「大きな物語」の消滅とともに、日本社会からは大きな空気が消えつつあります。そして、場面ごとに異なった小さな空気が支配力を増しています。場面ごとの小さな空気を読んで巧みなコミュニケーションをとり続けるためには、大きな空気のもとで醸成される主体的なアイデンティティはむしろ邪魔になるのです。社会学者の浅野智彦さんたちが行なった青年意識調査でも、「どんな場面でも自分らしさを貫くことが大切」と思う人の割合はかつてより減少しています。現在は、場の空気に流されない一貫的な自己では生きづらい時代なのです。

2　内キャラという絶対的な拠り所

生まれもった自分への憧憬

秋葉原で事件を起こしたＫ青年は、生まれてから高校を卒業するまで青森県で過ごしていました。ちょうど四〇年前の一九六八年、このＫ青年と同じく青森県から上京し、無差別連続射殺事件を起こした当時一九歳の青年がいます。獄中で書いた手記、『無知の涙』が話題となった永山則夫です。この年は初代リカちゃんが発売された翌年に当たりますが、その含意は後に述べます。

集団就職のために中卒で青森から上京した永山にとって、東京という大都会での生活は、極貧時代の自分を断ち切り、自らを再生するべく全存在をかけた営みでした。しかし、やがて彼は、憧れだった都会生活に耐えがたい息苦しさを覚えるようになります。自分を見つめる周囲の人びとのまなざしを通して、生まれもった自分から逃れられないことを思い知らされたからです。

彼は、誰よりもいち早く髪を伸ばし、ネクタイを身につけ、舶来のライターを使用しました。すべては、新しい自分になるための道具立てでした。彼は、ハイカラな自分を装うことで周囲の人びとのまなざしを変え、自らを再生しようと企てたのです。そのように彼を駆り立てた背景には、社会学者の見田宗介さんの言葉を借りれば、「飛翔する自由への意思」がありました。

しかし、周囲の人びとのまなざしは、現実にはその意思をさえぎる桎梏《しっこく》として作用します。センスなく着飾った彼の出立ちは田舎者のそれにすぎず、もがけばもがくほど、かえって彼はそのまなざしに絡めとられていったのです。彼が憎悪し、犯行の刃を向けたのは、その他者たちの視線でした。それは、特定の他者の視線ではなく、一般化された他者の視線です。だから彼の犯行は、彼自身が手記に書いたように、「世間全般への報復として」企てられました。社会に対する憎しみの発露としての無差別殺人だったのです。しかし、生まれもった自分を克服し、新たな姿の自分へ飛翔したいと願う心性それ自体は、当時の若い人たちにも広く共有されたものでした。

ところが、秋葉原で事件を起こしたK青年の心性は、それとは真逆のように見受けられます。小中学時代の彼は、勉強がよくできて、中学卒業時の成績も学年三〇〇人で一、二位を争うほどだったそうです。ソフトテニスで活躍するスポーツマンでもあり、いわば文武両道の優等生でした。中学時代には同級生公認の彼女もいました。彼には、教育熱心な親とのあいだに確執もあったようですが、それでも本人は、「中学時代までは幸せだった」と供述しています。

このK青年に「負けっぱなしの人生」が訪れるのは、進学で有名な高校に入学してからです。彼は、事件の直前まで、過去の自分への退却を望み、それを支えてくれる他者の視線を得ようともがいていたように見受けられます。ケータイをつうじて、犯行直前までネットに書き込まれていた膨大な呟《つぶや》きからは、そのうめき声が聞こえてくるようです。過去の自分からの脱却を望み、それを阻害しようとする他者の視線から逃れようともがいていた永山とはまるで正反対です。

学生時代に彼ほどの優等生ではなかったにしても、生まれもった「本当の自分」の姿を大切にし、それを支えてくれる温かい人間関係に包まれていたいと願う心性は、おそらく今日の若い人たちに広く共有されたものでしょう。たとえば出身中学の仲間を「同中《おなちゅう》」と呼んで卒業後もずっと緊密な関係を保つなど、「地元つながり」への愛着の強まりは、それを象徴しているように思われます。近代化が終了し、多様化の時代の到来とともに、社会の発展から置きざりにされた不満から、成熟した社会から落ちこぼれる不安へと、生きづらさの内実も変化しているのです。

成長しないキャラクター

ところで、リカちゃんの変化はその顔立ちにも見られます。とくに大きな節目となったのは、一九八二年に発売された三代目です。以前のリカちゃんの顔は、彫りが深く、額も出し、きりりとした顔立ちで、お姉さんっぽい雰囲気を漂わせていました。しかし三代目からは、顔の輪郭が丸みをおび、あごも小さくなり、前髪も下ろして、あどけない顔立ちの幼女のような雰囲気を漂わせるようになりました。八七年から現在に至る四代目では、その傾向がさらに強まっています。

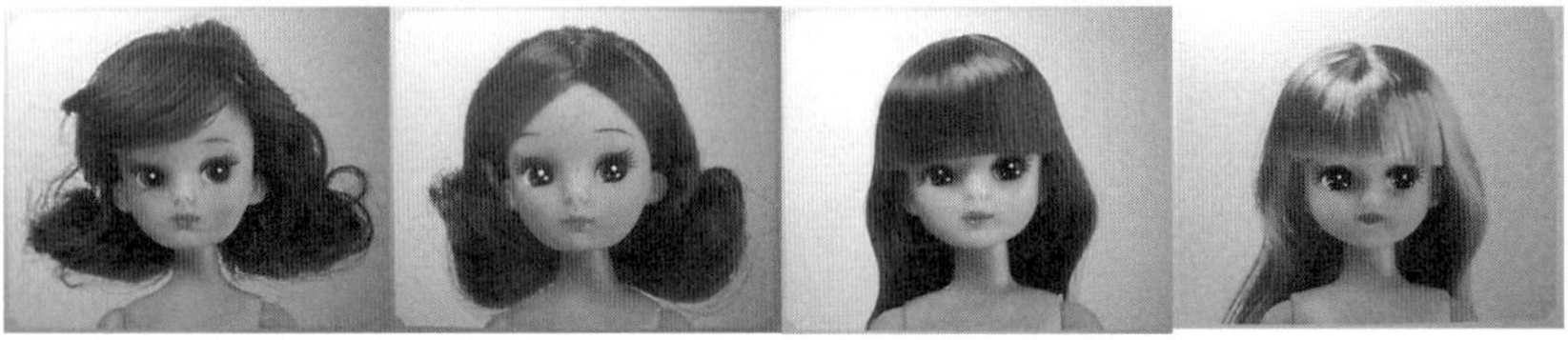
初代(1967 年)　2 代(1972 年)　3 代(1982 年)　4 代(1987 年)

リカちゃんの顔立ちの変遷

身長は初代より高くなったのに、少し垂れ目になった顔の輪郭はさらに丸みを増して、いわばネオテニー(幼形成熟)化が進んでいるのです。

リカちゃんの顔立ちが大きく変化した八〇年代は、それまでの右肩上がりの時代が終わって、私たちの意識にも大きな揺らぎが生じた時期です。前章で指摘したように、新たな教育理念として「個性の重視」が打ち出されたのもこの頃でした。子どもたちに親近感を抱いてもらえるように作られた人形には、その時代の最先端の心性が反映されているといえますが、ネオテニー化したリカちゃんも、成長することに対して人びとが憧れを抱いた時代の終わりを暗示しているように思われます。

同様の変化は、大衆コミックなどの娯楽作品にも見受けられるようです。近年は、ストーリーの展開の巧みさで読ませるよりも、登場するキャラクターたちの造形描写で読者を惹きつける作品が多くなっているのです。評論家の荷宮和子さんは、このような作品群を役割分担娯楽と呼び、従来の物語とは異なって、「羅列されたエピソードの順番を入れ替えたとしても、作品に影響は無い」ものばかりだと指摘しています。

エピソードの順番を入れ替えても作品に影響が出ないのは、「キャラクターに成長が無い」からです。物語がどう展開しようと、登場人物たちの性格は変わりません。あらかじめ細かく設定された性格は固定的なものて、物語の文脈にはまったく依存しないのです。前節で触れた「やおい」のように、これらのキャラを使って、その組み合わせやストーリーのまったく異なった二次作品が作られやすくなっているのもそのためでしょう。個々のエピソードは、登場人物たちのキャラを鑑賞するための舞台装置にすぎず、これらの作品のオリジナリティは、むしろキャラどうしのカップリングの妙にこそ求められるようになっているのです。

このような作品の流行は、先ほどのリカちゃんのネオテニー化とともに、人生のなかで成長していくことに対する懐疑と、生まれもった自分へのこだわりの強さを暗示しているように思われます。内キャラという形で感じとられる「本当の自分」は、生まれた姿のままで成熟するネオテニーのように、そして物語のなかで変化しないキャラクターのように、社会生活のなかで変化することのない生来的で固定的なものと捉えられているのです。

人生の羅針盤としてのキャラ

歴史を振り返ってみれば、生まれ備わった属性によって人生が大きく左右されたのは近代以前の社会でしょう。当時、生まれついた身分は、職業においても、結婚においても、特定の枠内へと自分を押し込めるものであり、人生の可能性を制限する桎梏でした。だからこそ、その桎梏からの解放を目指して、近代以降の人びとは自由と平等を重んじてきたのです。

では、生来的な身分から素質へと、外見は現代風に変わっているものの、出自にこだわるようになった昨今の若い人びとの心性は、近代以前へと逆戻りを始めているのでしょうか。しかし、一元的な価値観の下で生きることを強制されたという意味で、近代以前が良くも悪くも安定した静的な社会だったのに対し、現在の日本にはさまざまな価値観が併存し、互いに競合しあっています。どんな判断も、別の観点からすぐに相対化されてしまう不安定で動的な社会です。

このような社会では、従来のような価値の序列性が失われていますから、自分に評価を下す人間も超越的な他者ではなく、自分と対等な他者となります。若い世代のあいだでは、グループ内の人間関係から序列性が失われ、学校の教師や親から受ける評価に対しても、心の底では対等な他者からの評価と感じられるようになっています。大人たちは、自分たちを抑圧する敵ではなくなったと同時に、人生の指針を与えてくれる絶対的な拠り所でもなくなっているのです。

また現在の日本は、一九八〇年代までのようなパイが拡大する社会でもなくなっています。むしろ格差社会と呼ばれるように、延々と経済停滞が続くなかで、限られたパイの取りあいが始まっています。未来は現在の延長でしかありえず、今の日常が限りなく続いていくだけだとしたら、そこで問われるのは「私はどこへ行くのか」ではなく、「私はどこから来たのか」でしょう。

二〇〇九年四月に朝日新聞が一般読者を対象に行なったモニター調査では、「タイムマシンがあったらどうするか」という問いに対して、「未来へ行きたい」と答えた人よりも、「過去へ行きたい」と答えた人のほうが、二〇ポイントも多くなっています。未来の自分を構想することに意義を見出せないとすれば、たとえば前世の自分を求めてスピリチュアル・カウンセリングを受ける人たちのように、あるいはトラウマ体験の記憶を幼少期に求めて精神分析を受ける人たちのように、自分の根源を探す旅へと精力を注ぐようになるのも当然の成り行きといえるでしょう。

こうしてみると、現在の若い人びとにとって、内キャラとしての生来的な素質は、どんなに熱意ある選択であっても、別の立場からすぐに冷や水を浴びせられやすいこの世界で、ただ一つ残された絶対的な拠り所になっているといえます。絶対的な拠り所は、Aの側面も正しいがBの側面も正しいといった多義性をはらんではなりません。議論の余地を与えない明快なものでなければなりません。このとき、生来的なものは、社会生活のなかで形成され、変化するものとは違って、揺るぎない拠り所として作用することができるのです。土浦市で事件を起こしたK青年は、身分制の時代ならあんな事件を起こすことはなかったと主張し、「四〇〇年前、農民に生まれていれば、農民として人生をまっとうしたでしょう。王であれば、王として」と語っています。

今日の若い人たちが内キャラにこだわるのは、いかに生きるべきかを指し示す人生の羅針盤がこの社会のどこにも見当たらず、いわば存在論的な不安を抱えているからです。だから、どんな視点からも相対化されることのない不変不動の準拠点として、持ち前のキャラに依存することになるのです。内キャラが、多面的な要素から成り立つアイデンティティとは異なり、外キャラと同様に一面的で、輪郭もくっきりとして単純なのはこのような理由によるのでしょう。

対他的な場面において自己の印象操作の負荷を下げ、その潤滑剤の役割を担っているのが外キャラだとすれば、対自的な場面において自己の感情操作の負荷を下げ、その安定剤の役割を担っているのが内キャラです。どちらも、自己イメージの管理にともなう工夫の産物という点では違いがありません。このことは、特定の生き方を誰も強制されなくなったという点では、現在の日本はたしかにユートピアでしょうが、しかしそれゆえに、いったい相手が何者であるか根本的には分からないまま、不透明な相手とつねに向きあって生きなければならないという点では、そして、自分が何者であるかも根本的には分からないまま、不透明な自分とつねに向きあって生きなければならないという点では、同時にディストピアでもあることを示しています。

新しい宿命主義の登場

教育社会学者の苅谷剛彦さんが行なった高校生調査によれば、一九七九年には、自己能力感の高い生徒ほど高い学歴を求め、学習時間も長い傾向が見られました。しかし九七年には、その関係が逆転し、自己能力感の高い生徒ほど高い学歴を求めず、学習時間も短い傾向が見られます。このデータが示唆するのは、生まれもった素質として自己能力を捉える傾向が強まった結果、知識でそれを補強する必要などないと考える人びとが増えているという事実ではないでしょうか。

この調査によると、九〇年代以降の学校では、「がんばれば必ず成功する」という生徒と、「何をやっても無駄だ」という生徒のあいだで、意欲の二極化も進んでいます。インセンティブ・デバイド(意欲の格差)と呼ばれるこの両極化の傾向は、「生まれもった素質によって人生は決まる」という感覚の広まりを示唆しているように思われます。ある生徒たちは、必ず成功する運命にあると確信しているからこそ努力もできるのでしょうし、別の生徒たちは、必ず失敗する運命にあると確信してしまうために最初から諦めているのではないでしょうか。人生の行方はあらかじめ定まっていると考えている点では、どちらも同じ心性の持ち主のように思われるのです。

また、荷宮和子さんは、若い世代に共通に見受けられる価値観の特徴に、がんばらずに良い結果を出すほうがかっこいい、何も考えずに行動するほうがかっこいい、挫折《ざせつ》しかけた道でさらに努力を続けるのは見苦しい、の三点があると指摘しています。これらに共通するのも、「生まれもった素質によって人生は決まる」という発想ではないでしょうか。だから、ただなすがままに任せて成功した者のほうがかっこよく、また本物に見えるのでしょう。逆にいえば、いくらがんばって良い結果を出しても、それは本物ではないと思えてしまうし、あれこれと考えて行動しても、結局はなるようにしかならないと思えてしまうのです。また、延々と努力し続けている人をみると、素質もないのに何を勘違いしているのだろうと思えてしまうことにもなるのでしょう。

これは、新しい宿命主義の登場とでもいうべき事態ではないでしょうか。前近代的な宿命主義と異なっているのは、理不尽な身分制度によって抑圧され、やむなく希望を諦めているのではないという点です。生まれもった素質という絶対的なものによって、一見すると「合理的」に、自分の人生が定まっていると考えられているという点です。

もっとも、前近代的な身分制度を理不尽だと考えるのは、私たちが近代人だからです。当の時代を生きた人びとには、それは自明の現実でした。武士の子が武士になるのは、けっして理不尽とは思われていませんでした。農民も、生活苦から一揆《いっき》を起こすことはあっても、武士に怨みや妬みを抱くことはありませんでした。自分も武士になれるとは夢にも思わなかったからです。

それと同様に、今日、生まれもったと考えられている素質の多くは、Ｐ・ブルデューを嚆矢《こうし》とする文化資本の研究者たちが明らかにしてきたように、じつは与えられた社会環境のなかで、身分制度と同じく格差をともないながら再生産されてきたものです。たとえば、いくら天才的なピアニストであろうと、そもそも日常的にピアノに触れさせてくれ、定期的にレッスンに通わせてくれるような恵まれた成育環境になければ、その才能に目覚めることも難しかったでしょう。したがって、今日の新しい宿命主義も、じつは前近代的なそれと本質的に違ってはいません。作られた素質にもとづく待遇の違いを、合理的なものと思い込まされているだけなのです。

じっさい、第一章でも触れたように、今日の中高生たちは、「格が違う」とか「身分が違う」などと形容して、クラスでの上下関係に過剰なほど気をつかい、交友関係を分断しあっています。格にせよ、身分にせよ、会社での上司と部下や、学校での教師と生徒のような、社会的に付与された役割や立場の違いを指す言葉ではなく、人間の本質的な属性の違いを指す言葉です。

また、男ならイケメンかキモメンか、女ならモテか非モテか、今からの努力では変更が不可能と思われるような固定的な属性で、卑近な対人関係だけではなく、自分の人生までも大きく左右されるかのように考える若い人たちも増えています。自由意思にもとづいて主体的に選択されたものとしてではなく、生まれもった素質によって宿命づけられたものとして、自分の人生の行方を捉えようとする人びとが増えているのです。このような現象は、内キャラという固定的な人格イメージを人生の羅針盤に据えようとする心性がもたらした帰結の一つといえるでしょう。

では、このような心性は、若い世代の人びとだけに特有のものなのでしょうか。現在の日本を見渡してみると、じつはそうではないことに気づかされます。よく目を凝らせば、日本社会のさまざまな領域に、この心性の影を見てとることができるのです。そこで次章では、この心性の世代を超えた広がりについて眺めていくことにしたいと思います。

第三章　キャラ社会のセキュリティ感覚

1　子どもと相似化する大人の世界

フラット化する親子関係

若い人たちは、まだ人格形成の最中にあって、もっとも感受性の豊かな人生の季節を生きています。だからこそ、この時代の空気をもっとも色濃く体現し、その最先端の精神を示しているのです。しかし、年長の人びともまた同じ社会の空気を吸って生きているわけですから、程度の差こそあれ、ある程度はその心性を共有しているはずです。じっさい、人間関係にフラットさを追い求め、その裏返しとして異質な人間を圏外化してしまおうとする傾向は、年長の世代にもしばしば見受けられます。そこには、若い世代と相似形の人間関係が成立しているのです。

昨今は、友だちのように何でも対等に語りあえる親子関係を望む大人たちが増えています。一見それは好ましい現象に見えますが、今日の友だち関係とは、対立の表面化の回避を最優先にする予定調和的な関係です。したがって、親子のあいだにも摩擦のないフラットな関係が期待されることになります。子どもと友だち関係であることを重視する親は、心地よい人間関係を保っていくために、本音をぶつけあうことをできるだけ避けようとするのです。そこに対立や軋轢《あつれき》がもち込まれることで、滑らかな関係が損なわれはしまいかと恐れるからです。子どもと良好な関係を保っていくためには、物分かりのよい親をつねに演じていなければならないのです。

家族調査を数多く手がけている岩村暢子さんがこんな事例を紹介しています。中学生の娘をもつ親が、ケータイの利用料金が高い理由を子どもに問い詰めたところ、逆に子どもを怒らせてしまったので、それ以来は直接ものを言うのをやめ、その代わりに娘がネット上に開設しているプロフを密かに読んで、様子をうかがうことにしているというのです。その親は、「あれを見ると、話さなくても子どものことが分かりすぎちゃうの」と語ってくれたそうです。彼女に限らず、我が子のプロフにたどり着くノウハウが、親たちのあいだでは伝授されあっているようです。

もちろん現実には、こんな親ばかりいるわけではないでしょう。他方では、子どもに虐待を繰り返す親がいるのも事実です。しかし、そんな事件が明るみに出るたびに、「日頃は仲のよい親子に見えた」と、当事者のことをよく知る人物が語ることが多いのもまた事実です。昨今の虐待事件では、親が子どもと対等だと思っているからこそ、期待どおりに動いてくれない子どもの態度に苛《いらだ》立ち、手を出してしまうケースも増えているのではないでしょうか。あたかも対等な相手と喧嘩をしているかのような錯覚におちいっている親が増えているのではないでしょうか。

このように、キレる子どもに戸惑う親がいる一方で、自分自身がキレてしまう親も見受けられます。どちらの場合も、いわば大人が子ども化しているといえるでしょう。また、そこまで両極端ではなくても、親自身にもじゅうぶん納得できる人生を送るように、子どもに有言無言の圧力をかける親も増えています。子どもに愛情を注ぐのと引き換えに、期待どおりの人生を歩むことを要求しているのです。それが、親としての自分が社会的に評価されることだからです。子どもが社会的な評価を得ることで、親の自尊感情も満たされるからです。

こうしてみると、子どもと対等な関係を築きたいという物分かりのよさそうな親たちの態度は、じつは子どもに対して自己承認を求める依存的な心性の裏返しといえるのではないでしょうか。子どもたちと同様に、親たちもまた確固たる価値観を自らの内面にもちえず、そのために大きな不安を抱えているのです。揺らぎがちな自分を少しでも安定させようと、子どもからの肯定的な反応や高い評価を過剰に期待したり、あるいは暗黙のうちに要求すらしているのです。

友だち親子という言葉が端的に示すように、親と子の双方が「上から目線」を嫌悪し、その関係がフラット化しつつあるのは、親と子の双方にこのような心性が広がってきたからでしょう。今日の親子関係からは、自己肯定感の基盤としての人間関係に依存しがちな人びとが、世代をまたがって増えていることがうかがえます。子どもの世界の内部で起きているのと同じ事態が、すなわちキャラの過剰な演じあいや押しつけが、親子のあいだにも起きているのです。

サービスとしての学校教育

昨今は、学校の教師に対して批判的な言葉を並べ立てる親が増えているともいわれます。もちろん、学校教育の方針に異議を申し立てることは、一市民としてけっして悪いことではありません。しかし、それにしては、昨今のクレームにはやたらと攻撃的なものが多いといわれています。

今日の社会では価値観が多元化し、ものごとの判断の物差しも人によって異なるようになっています。それぞれの常識がくい違うことも珍しくありません。相手の考え方やその根拠を推察しづらいので、互いの許容範囲を見通すことも難しくなります。では、教師と親にすれ違いが生じ、そこに敵対的な関係すら見られるようになっているのは、このような理由からだけでしょうか。

先ほど指摘したように、人間関係への依存的な態度は、子どもどうしのあいだだけでなく、親と子どものあいだにも見受けられるようになっています。だとすれば、子どもの教育環境の不備に過敏に反応する親の態度も、じつはその心性の反映といえるのではないでしょうか。子どもとの関係に依存しがちな親たちにとって、少しでも納得のいかない境遇に我が子が置かれることは、自分の人生が危機にさらされたのと等しいことのように感じられてしまうからです。

また近年は、人格の陶冶《とうや》をめざす場としてではなく、教育という名のサービスを提供する場として、学校を捉える人びとも増えています。今日の社会では、サービスは市場で売買される商品の一つです。たしかに小中学校の義務教育は無償で提供されていますが、その代わりに親たちは税金を支払っています。その対価を受け取るつもりで我が子に公教育を受けさせているとすれば、その感覚はカルチャー・スクールの受講者となんら変わりません。

教育が子どもへのサービスだとすれば、教師はサーバント、すなわち親や子どもへの奉仕者であり、召し使いです。そして、親や子どもはそのサービスを受けるお客様です。もしそうだとすると、教師には、「いらっしゃいませ」と微笑みながら、自分たちを気持ちよくさせるような接客態度が求められることになります。その教師が「上から目線」でものを言おうものなら、お客様を大切にしない言語道断のふるまいとみなされることになります。

購入した商品に不満を感じたとき、その販売者にクレームを申し立てるのは、消費者として当然の権利でしょう。消費者にとって購買行動は自分のキャラを表現することでもあるので、納得のいかない商品を買わされたままでは、そのキャラが傷ついてしまいます。それを回避するために、教育という名の商品の質に異議を申し立てる親が登場してきても不思議ではありません。

「指導」から「支援」へ

では、今日の親たちが、教育をサービスとして捉えるようになったのはなぜでしょうか。生まれもった人間の本質はずっと変わらないという感覚を、子どもだけでなく親も抱いているとしたら、新たな知識や素養を身につけつつ成長していくことに対して、積極的な意味を見出すことはできなくなるでしょう。教育という営みは、新たに能力を育んでいく「指導」ではなく、生まれもった素質を開花させるための「支援」にすぎないと感じられるようになるでしょう。

学校教育をサービスとみなす今日の親たちの発想は、このような心性を素地に生まれてきたものだと思われます。学校の教師は我が子の才能の開花をサポートしてくれるだけでよい、余計な介入によって子どもに秘められたダイヤの原石を傷つけられてはたまらない、学校に対して過剰なクレームをつける親たちは、そう感じるようになっているのではないでしょうか。子どもの素質は、これから作り上げていくものではなく、あらかじめ備わったものだから、いったん傷つけられてしまったら、もう後からは取り返しがつかないと感じられてしまうのです。

スクールカウンセラーをしている臨床心理士の岩宮恵子さんによれば、思春期の子どもを抱えた親たちにとって、秋葉原の無差別殺傷事件の衝撃は非常に大きかったらしく、「将来、我が子があんな事件を起こしたらどうしよう」と、不安にかられた親たちからの相談ケースが事件後に激増したそうです。このように過剰な不安に親たちが駆られるのも、やはり宿命主義的な観点から事件を眺めているからでしょう。加害者の生まれもった資質に根ざした事件として捉えているために、これから豊かな親子関係を築いていけば大丈夫とはなかなか思えないのでしょう。

ちなみに、無差別殺傷事件を起こした二人のK青年は、どちらも同世代でした。しかも彼らは、一九九七年に神戸で起きた連続殺傷事件の加害者とも同世代でした。そのことから、これらの事件は、いわゆるサカキバラ世代の事件としても、マスメディアでは喧伝《けんでん》されました。しかし、このような観点から眺めるなら、神戸事件によって、過剰に不安を煽《あお》られた親たちに養育された世代の事件と呼ぶほうが、むしろ適切なのかもしれません。宿命主義的な人生観は、じつはその養育態度にこそ、もっとも色濃く影を落としているはずだからです。

モンスター・ペアレントの含意

親と教師のすれ違いを考えるためには、もう一方の当事者として、教師の側の心性についても眺めておくべきでしょう。二〇〇八年に、「モンスター・ペアレント」というTVドラマが放映され、旬の題材だったこともあって、大きな話題を呼びました。モンスター・ペアレントとは、常識外れの無理難題を学校に突きつけ、教育現場を混乱に陥れるような親をさす言葉です。そもそもは、時間を無視して延々と抗議を続けるために学校の教育が滞ったり、場を顧みずに攻撃的な態度をとるために児童生徒に悪影響が及ぶようなケースを想定して名づけられたものでした。

しかし現在は、モンスターという言葉のもつインパクトに便乗し、教師の力不足を隠蔽《いんぺい》して問題の所在を親に押しつけるために、この用語が使われるケースも出てきています。そして、学校に不信感を抱く親に対して、強い非難を加える教師も見受けられるようになっています。学校に対してクレームを申し立てる親を、「あの親はモンスター・ペアレントだ」と批判することで、その親の個人的な資質へと問題の焦点をすり替え、手早く処理してしまおうとするのです。

学校関係者のあいだにこの用語がこれほど早く浸透したのは、たとえば授業を改善してほしいといった論理的な要求ではなく、明らかに次元の異なった理不尽な主張を繰り広げる親が増えたという実感があるからでしょう。しかし同時に、そんな親をモンスター、すなわち化け物や怪物になぞらえる発想からは、自分たちに理解不能な主張を並べ立てる相手を、道理の通じない異物とみなして、安直に切って捨てようとする心性の広がりも感じてしまいます。

学校の教師からすれば理不尽としか思えないようなクレームが、なぜ特定の親から繰り返し申し立てられるのか、その背景について教育者の立場から考えて対処しようとする姿勢は、ここには見出せません。したがって、そのクレームの中身を冷静に分析することもなく、理性をもたない怪物が発する雄叫びのようなものとして捉え、即座に全否定してしまいがちになります。

もちろん、学校の教師の境遇に、同情すべき点が多々あるのも事実です。今日の教師たちは、膨大な書類の作成に勤務時間の大半を費やし、その隙間《すきま》をぬって授業をこなさなければならない状態にあります。そのため、授業研究の時間すらじゅうぶんに確保できない本末転倒の事態が生じています。他国と比べて、労働時間も極端に長くなってきています。そんな現状では、日々のルーティンから外れた仕事に余力をさくことなど、とても期待できないことでしょう。

また、これまでの教師の力量は、個人がもっている能力だけでなく、他の教師との連携プレーによっても支えられていました。問題の見られる生徒に対しては、厳しく指導する教師と優しく受容する教師が役割分担し、多面的に生徒に関わっていくなかで、問題の根を解きほぐしていったのです。しかし近年は、教師の個人評定が進行し、かつての連携力が削がれつつあります。一つの問題に対して多くの教師が協力しあって取り組むことが困難になってきているのです。

しかし、どうやら問題はそれだけではないようです。理不尽な要求をしきりに繰り返す親の心性と照らし合わせてみたとき、そこにはもっと根の深い問題が浮き彫りになってくるように思われます。「自分のほうが正しい」「相手のほうが間違っている」と思い込んでいる点では、やたらとクレームをつけたがる親も、その存在をモンスターとみなす教師も、しょせんは同類だからです。どちらも、相手を異物とみなしていることに違いはありません。

昨今は、生徒と対峙《たいじ》して煙たい存在としてふるまうのではなく、むしろ彼らと対等な存在として、友だちのように関わろうとする教師が増えています。表面上は物分かりのよい教師に見えるものの、生徒からの評価に右往左往し、時には生徒に媚《こび》を売ろうとする教師すら目につくことから推察すれば、教師の心理にも、生徒たちからの承認を得ることで、揺らぎがちな自尊感情を補《ほ》塡《てん》しようとする危うい側面を見出すことができるように思われます。

親からの攻撃的なクレームは、そんな脆弱《ぜいじゃく》な自己肯定の基盤を根底から揺さぶるに違いありません。教師の側もまた、他者の反応に過敏になっているために、自己防衛の手段として攻撃的にならざるをえないのです。他者から肯定的な評価を受けることで自尊感情を支えようとしているために、その基盤を傷つけかねない否定的な反応を示す人間は、たとえ生徒の親であっても、いや、むしろ自己肯定の基盤たる生徒の親だからこそ、異物視して排除せざるをえないのです。

また、宿命主義的な人生観もそこに浸透しつつあるとすれば、自分たちの常識から外れたクレームを受け入れがたいものと感じるようになるのも当然でしょう。いったん傷つけられてしまったら、もう取り返しがつかないと思い込んでいる点では、親の心性とまったく同じだからです。このような心性の下では、たとえ些細《ささい》な傷であっても、それは自分の本質をいたく傷つけるものと感じられます。だから、相手の視点に立って、その主張の背景に考えを巡らす余裕もなくなり、自分とは本質的に異なった存在として排斥しがちになるのです。

相手を全面否定することで、自らの立場とその正当性を死守しようとしている点では、過剰なクレーマーと化した親も、それをモンスターとみなす教師も、じつは大差ないように思われます。しかし、そうやって対立した異物どうしのままでは、互いの心情を推し量ることはできません。相手の目線から自分の立場を眺めなおし、自分のほうが本当に正しいのかを再吟味することもできません。たとえ双方に誤解があったとしても、それを解くことすらできないのです。

現在の日本を見渡してみれば、理解不能な相手をモンスターとみなす傾向は、なにも教師だけのものではないようです。この言葉がこれほど社会に浸透したのは、学校関係者を超えて一般の人びとの共感も得たからでしょう。今日では、立場の異なった相手と意見を闘わせて理解しあうのではなく、異物とみなして最初から関係を断とうとする傾向が強まっているようです。

2　子どもをキャラ化する大人たち

『砂の器』にみる犯罪者像

松本清張の社会派推理小説である『砂の器』は、一九六一年に出版されて以来、これまで何度も映画やＴＶで映像化されてきました。しかし、そのリメイクにあたって、もっとも大きな変更が物語に加えられたのは、二〇〇四年に放映されたＴＶドラマにおいてです。原作はもとより、それまでの映像作品のなかで、幼年期の主人公が父親と日本各地を放浪せざるをえなかったのは、父親がハンセン氏病の患者だったからです。その病に対する差別と偏見が社会にあったからです。

しかし、このたびのＴＶドラマ化では、ハンセン氏病を他のエピソードに変えることが、原作権をもつ松本家から示された原作使用の条件だったこともあって、その箇所に大幅な変更が加えられています。主人公の父親は、地元のダム建設に賛成したという理由で村八分にされ、それが元になって妻が病死した怨恨から、村の家々に放火をし、村人三〇人を殺害して、息子とともに逃亡するのです。ハンセン氏病のエピソードの回避がリメイクの条件であったにせよ、代替としてこのようなエピソードが採用された背景には、時代精神の後押しもあったようにも思われます。

映画『砂の器』(1974 年制作)の父と子

旧作でも、新作でも、野心的な主人公は、忌まわしい自分の過去を断ち切ろうとし、それを隠蔽しながら社会的な成功を目指していきます。そして、その過去が暴かれることを恐れるあまり、殺人を犯してしまうのです。しかし、旧作で描かれていた社会的な差別や偏見に由来する過去の忌まわしさは、新作では、連続殺人犯を父親にもったことによる個人的な過去の忌まわしさへと変更されています。

旧作では、主人公の犯罪に対して、私たちは社会の一員としての責任を感じ、そこに罪の意識を共有することも可能でした。暴かれることを恐れた彼の過去の忌まわしさは、私たちの社会がもつ差別意識や偏見に由来するものであることが明白だったからです。しかし、新作では、彼の悲惨な境遇に同情を覚えることはあっても、そこに罪の意識を共有することは難しいでしょう。彼の忌まわしい過去に対して、私たちは責任を負っていないと感じてしまうからです。彼の背負ったトラウマは、彼の個人的な宿命だと思ってしまうのです。

そうした観点から眺めると、この新作の筋書きは、犯罪者の属性から社会的な要素を消し去り、純粋に個人的な属性とみなしがちな昨今の風潮と共鳴しあっていることに気づきます。それは、生来的な資質へのこだわりという点で、犯罪者のキャラ化といってもよい傾向です。彼の人格特性から社会的な要因をどんどん抜き去っていけば、最後に残るのは生来的な資質だけだからです。

もちろん、主人公のトラウマは幼少期に背負わされたものですから、厳密には生来的なものとはいえません。しかし、それは彼が自由に選ぶことのできないものであって、その点では資質と同様なものとして作用しています。現在の日本で、絶対的な拠り所を求めてトラウマ探しに走りがちな人たちが増えているのもそのためでしょう。このドラマの設定には、犯罪者の人格特性を、社会生活のなかで育まれたものとして理解し、そのことに対して私たちも責任を背負おうとするのではなく、彼の個人的な資質として捉え、そこに罪の意識を共有しようとしない今日の私たちの心性が色濃く反映されているように思われます。

キャラ化される犯罪少年

昨今の日本では、犯罪者をキャラ化し、その人格特性を個人的な所与の資質とみなす傾向が強まっています。理解不能なモンスターと捉え、異物として一方的に圏外化しようとする傾向が強まっています。そして、その傾向に随伴するように、犯罪被害者に対する社会的な関心が高まっています。マスメディアでも、被害者やその家族の抱える問題に焦点を当てた書籍が出版され、新聞や雑誌でも特集が組まれています。またTV番組も数多く制作されるようになっています。

とりわけ少年事件については、加害少年の実名報道の禁止や少年審判の非公開に対して、被害者やその家族の悲しみと怒りを肩代わりして報道するという文脈で、異議が表明されることが多くなっています。マスメディアが少年法を批判の俎上《そじょう》に乗せようとするとき、本来なら言論の自由の観点から検討されるべき規定が、世間の人びとの関心を集めるために、被害者感情というレトリックを活用して批判されるようになっているのです。もちろん、犯罪被害者の扱いが問題とされるのは少年事件だけでありません。しかし、少年司法の場では、これまでその心情がほとんど無視されてきたために、この問題がもっとも先鋭的に表われているといえます。

犯罪者の人格特性を、社会生活のなかで育まれたものとして理解する傾向が強かった時代には、成育過程の途中にあって、周囲の環境の影響を大きく受けやすい少年の犯罪者は、劣悪な社会環境の被害者とみなされていました。被害者とは、権利の侵害を受けた無垢《むく》な人間を指す言葉であって、その問題に苦しむ人間の境遇をドラマ化するものです。したがって、当時の人びとは、加害者の背後に同情すべきドラマ性を見出し、そこに感情を移入していたのです。

犯罪事件では、災害や事故とは異なって、加害者が存在しなければ被害者も存在しえません。とくに事件報道における加害者と被害者は、事件のリアリティを支えるために必要な補完しあうキャラです。しかし、従来の少年司法では、加害少年が同時に被害者の役割も担っており、加害者の加害者性は漂白されていました。そのため、被害者が被害者としての地位を公的に得ることが困難だったのです。ところが昨今は、犯罪者の人格特性を資質のような個人属性として捉える傾向が強まり、加害少年の加害者性も際立つようになっています。その結果、これまで被害者性を剝奪《はくだつ》されていた犯罪被害者の側も、その本来の地位を得やすくなったのです。私たちと同じ人間からでなく、モンスターから被害を被った者は、純然たる被害者と誰もが認めうるからです。

包摂型から排除型の治安へ

二〇〇〇年に、大きな少年事件が引き続いて発生し、社会的な問題となったとき、子どもをもつ三〇歳代の親を対象に、あるＴＶ局が行なった意識調査があります。それによれば、「少年犯罪者の矯正は可能と思うか」という問いに対し、七割がそう思わないと回答しています。ここには、頻発した事件に刺激された面があるのかもしれません。しかし、まだ未熟な少年犯罪者に対して、社会復帰に否定的な考えをもつ人びとが半数を超えたという事実は、少年の矯正を目指した諸施策の実施を、周囲の無理解からじっさいに困難にしてきたのではないでしょうか。

少年司法に限らず、今日の刑事政策では厳罰化が進んでいるといわれます。しかしその内実は、厳罰を科すことで矯正の効果を高め、社会復帰を促そうとするものではなく、むしろ排除化の進行といえます。従来、犯罪者の特性を社会的な産物とみなす観点は、規律訓練型の治安対策と合致するものでした。訓練によってその特性を矯正することで、社会復帰も可能になると考えられたのです。その理想と現実は違いましたが、少なくとも理念上はそうでした。しかし昨今は、犯罪者の特性を生来的な資質とみなし、矯正不能なモンスターと捉える風潮が強まった結果、彼らを社会に包摂するのではなく、排除することで社会の治安を守ろうとする思想が広がっています。

現在の日本では、犯罪者や不審者を生活圏から締め出すことで、日々の安心を得ようとする環境管理型の治安対策が進みつつあります。厳罰化を進める根拠の一つには、被害者感情の慰撫《いぶ》も挙げられますが、その面が社会的に強調されるようになったのは、じつは最近のことです。先ほど述べたように、被害者に対する関心の高まりは、加害者観の変化と相互反映的な関係にあるからです。もちろん、被害者の感情を軽視してよいわけではありません。しかし、社会から犯罪原因を減らしていくためには、加害者の社会的背景にも同様に目を注ぐべきではないでしょうか。

秋葉原で無差別殺傷事件が起きた際には、K青年が派遣社員であったことから、事件の背景には若い世代の劣悪な雇用環境があるとされ、それが大きな話題となりました。しかし、この現象は、派遣労働の問題がクローズアップされた時期と、この事件の発生した時期とが、たまたま重なったからです。じっさい、それ以前に何件も続いていた同様の事件では、その社会的背景についてほとんど問題にされませんでした。ほぼ同時期に死刑判決が確定した光市母子殺害事件でも、弁護団の法廷戦術ばかりに話題が集中し、肝心の加害少年が育った家庭環境のすさまじい崩壊ぶりや、そのなかで彼が受けた虐待経験については、ついに世間の関心が集まりませんでした。

このような意見を述べると、決まって次のような反論が加えられます。同じように劣悪な境遇を生きながらも、多くの少年たちは犯罪に手を染めない、だとしたら、やはり犯罪には個人的な資質の側面が強いのではないか、と。このような反論に対しては、次のように問い返してみたいと思います。そんな弱き人間であっても、周囲の環境さえ良好ならば、犯罪に手を染めずにすんだかもしれない、世の中には、幸いにも良い環境に恵まれたおかげで、たまたま犯罪者にならずにすんでいる弱き人間も大勢いるのではないか、と。少なくとも私自身は、自分についてそう思います。仮に、光市事件の少年と同じような家庭環境に育っていたとしたら、今日まで真っ当な人生を歩んで来られたかどうか、私にはまったく自信がありません。

生まれた環境は、自分で選んだ結果ではありません。したがって、そこにまで自己責任を負わされるのは不合理です。「環境に屈せずに努力するべきだ」という批判は、たしかに一面では正論です。しかし、前章で天才ピアニストを例に挙げて説明したように、努力しうる資質もまた環境のなかで育まれていくものです。だとしたら、犯罪責任も個人と社会の双方に求められるべきでしょう。個人責任しか問わないのでは、ものごとの反面しか見ていないことになります。それでは結局、被害者を増やさないために真に有効な治安対策を練ることもできないでしょう。

ケータイ規制という圏外化

ところで、ケータイの普及によってネット・コミュニケーションの場が急激に拡大したことで、子どもたちの人間関係の実態が見えづらくなり、眉をひそめている大人たちも多いことでしょう。しかし、よく考えてみれば、子どもの安全を守るという名目でいま進められているケータイ対策も、じつは環境管理型の治安対策と同じ発想から生まれているものではないでしょうか。

フィルタリング機能の提供を事業者に義務づける有害サイト規制法が、二〇〇九年四月に施行されました。ここで規制の対象とされる有害サイトとは、子どもたちの健全育成にとって不都合で異質なものと、私たち大人たちが判断したものです。そこへのアクセスの規制とは、有害性の中身について子どもたち自身に考える機会を与えることなく、認知の対象に入らないように圏外へ押し出してしまうことです。子どもたちの健全育成にとって、このような対策が有効であると考えるのは、固定的で単純なキャラとして彼らの人格を捉えているからではないでしょうか。

私は、ケータイの使用規制に対して、一概に反対を唱えているわけではありません。出会い系サイトなどで被害にあう子どもたちがいる現状を顧みれば、応急措置としての有効性は認めざるをえないでしょう。しかし、あたかもそれが根治療法であるかのように錯覚し、規制をかければそれで事がすべて足りるかのような認識上の怠慢におちいることは避けなければなりません。

人間関係を維持するための道具としてケータイが使われている以上、その使用規制は、たんに性風俗などの望ましくない成人情報のフィルタリングだけでなく、学校裏サイトなど、大人が望ましくないと考える人間関係のフィルタリングへと拡張されていきがちです。では、そのような

「教育的」措置は、心地よい類友だけとつながろうとする子どもたち自身の人間関係のフィルタリングと、いったいどこが違うといえるでしょうか。そもそも私たちは、セキュリティを強化しさえすれば、安全で快適な生活を享受できるのでしょうか。

学校裏サイトは、最近はネットいじめの温床として悪評が高くなっていますが、じつはその多くは健全なものです。本来は、学校の公式サイトに取り上げられない話題を、生徒たち自身が自由に取り上げて作ってきたものです。もちろん、そのなかには、いじめの場になっているものもあります。しかし、それらも開設されてしばらくは健全だったものが多いのです。

どんな集まりであっても、似通った者どうしが寄り固まって、そこで過剰な配慮が繰り広げられていくと、関係の維持は重くなってしまいがちです。そして、そのガス抜きのために、内部にいじめが起きることもあります。二〇〇七年に、神戸の高校生がいじめに耐えきれずに自殺した事件で、その舞台となった学校裏サイトも、当初はフットサル同好会の情報交換の場として開設されたものでした。大人たちから見れば安全圏内にあったはずのものが、外部から閉じられた狭小な世界が作り上げられていくなかで、いつのまにかその圏外へと変質しているのです。

いくら完璧《かんぺき》なセキュリティの壁を周囲に張りめぐらしても、真に不気味で異質なものはその内部から紡ぎ出されてきます。では、私たち大人は、子どもたちの世界にさらに緻密《ちみつ》なまなざしを注ぎ、その内部に発生した圏外の飛び地を目を凝らして発見し、つぶさに潰《つぶ》していくことが肝要なのでしょうか。そうすれば、子どもたちは健全に成長していくのでしょうか。じつは、このような発想には大きな落とし穴があります。最後の章では、この点について考えてみましょう。

第四章　キャラ化した子どもたちの行方

閉塞化するコミュニケーション

異質な人間を圏外へ追いやり、同質な人間だけとつながろうとする心性は、ケータイの普及によって広まった現象ではないでしょう。しかし、このような心性をもつ人びとにとって、ケータイを最先端におくネット環境が好都合なものであることは事実です。いまや私たちは、ケータイのおかげで、いつどこにいても、自分がつながりたい相手だけと即座につながることができます。

現在のようなネット環境がととのう以前、時間と空間を隔てた相手とコミュニケーションをとるための手段は限られていました。意中の相手とつながりあうためには、自分にとって不都合な人間とのコミュニケーションも途中で経由しなければなりませんでした。かつて、年頃の男の子の多くは、ガールフレンドの自宅へ電話をかけるとき、「あの厳格な父親が出たらどうしよう」と緊張しながらダイヤルを回したものです。じつは私自身もそうでした。自分にとって心地よい人間関係を築くためには、同時に不都合な人間とも否応なく付きあわざるをえなかったのです。

しかし近年は、時間と空間の制約を超えて、異質な人びとがつながりあうことを技術的に可能にしたネットという便利なシステムが、また同時に、同質な人びとが互いにつながりあうことを容易にする手段としても、大いに役立つようになっています。広大なネット空間へ開かれたケータイの小さな窓を覗き込むことで、面倒で不都合な人間とはいっさい触れあうことなく、自分にとって心地よい相手だけと、即座に人間関係を築くことができるようになっているのです。

　ネットの世界では、アバターと呼ばれる分身がしばしば置かれるように、人間のキャラ化が促進されます。特定の情報だけを送受信し、一面的な人格イメージを意図的に操作しやすいからです。雑多な情報を切り捨てることで、イメージを純化させやすいのです。多面的な要素から成り立つアイデンティティと違い、単純化された人格であるキャラにとって、多種多様な情報はかえってノイズとなります。ネット・コミュニケーションでは、そのノイズのカットが容易なのです。

　では、ケータイという文明の利器を駆使することで、若い人たちは人間関係の困難を克服しえているのでしょうか。これまで述べてきたように、けっしてそうではありません。常時接続を可能にしてくれるケータイは、孤独を解消してくれる便利なツールのように見えて、じつはそのように機能してはいません。ケータイ自体はニュートラルな装置ですから、使われ方しだいで、逆にその孤独を増長することもありえます。じっさい、秋葉原で事件を起こしたK青年にとって、ケータイは自己の疎外感を強めるツールへと変貌してしまっていました。

　今日では、一人でいることの孤独から逃れようとして多用されるケータイが、かえって一人でいることの恐怖を募らせるという皮肉な事態が生まれています。自己肯定感の揺らぎを手っ取りばやく解消しようとして、同質な人間だけで固まってしまいがちになっているからです。その傾向にあらがい、人間関係を異質な他者へと広げていく手段としてではなく、むしろその関係の狭小化をさらに促進する手段として、ケータイを用いる傾向が強まっているからです。見知らぬ他者との出会いを規制するフィルタリングの強化は、その傾向をさらに促進するでしょう。

すでに触れたように、秋葉原の事件に刺激されて急増した犯行予告も、全世界へ開かれたネットに書き込まれてはいたものの、メッセージの読み手として想定されていたのは、ごく狭いトライブ内の人びとだけでした。たとえば、かつてのグリコ・森永事件では、犯行予告の投函先は警察やマスコミの一部などに限られていました。しかし、そこを窓口にして、社会の多くの人びとがメッセージを読むことが期待されていました。今日では、当時と比べてメッセージを伝達するチャンネルは大幅に拡大したのに、その受け手として想定される範囲は逆に狭まっているのです。

キャラ化した自己が傷ついたとき

秋葉原で事件を起こしたK青年は、先ほど触れたように、中学時代まで優等生として過ごしていました。土浦市で事件を起こしたK青年も、高校時代の成績は平均以上でスポーツも優秀、遅刻と欠席も三年間でそれぞれ一回だけという優等生でした。ところが、高校卒業後は、どちらの青年も自分の望むようには進学できず、また期待した定職にもつけませんでした。

「殺すのは誰でもよかった」という意味あいの供述をしている二人に共通するのは、その自己破滅への願望です。秋葉原のK青年の犯行は自爆テロのようなものですし、土浦市のK青年も「複数を殺せば死刑になれると思った」と語っています。おそらく彼らにとって現在の自分の姿は、かつて絵に描いたような優等生だった頃にはおそらく予想だにしなかった不本意なもので、とうてい自分でも受け入れがたいものだったのではないでしょうか。

それでも、まだ人生にはやり直しのチャンスがあると思えれば、多少なりと自尊感情を保つことも可能だったかもしれません。しかし、そこで宿命主義的な人生観を抱いていると、いったん転んだ人生の先にはもう何もないと思い込んでしまいがちになります。現在の自分の姿に、本質的なものを見たような気になってしまうからです。その証拠に、彼らは自らの宿命を否定しようとしていません。むしろそれに囚われ、ネガティヴな自分を積極的に認めてしまっています。

したがって、彼らの犯行は、人生を悲観してといった単純なものではなく、自滅的な行為をとおして自分の存在を誇示し、その生の濃密さを実感したいという人生最大の賭《か》けでもあったように思われます。どうせ自滅するなら、たとえ一瞬でも周囲から注目を浴びることで、その生の希薄さを帳消しにし、自らのキャラを際立たせたいという思いがあったように感じられるのです。

このような自己肯定感の危機に直面しているのは、事件を起こした青年たちばかりではありません。日本青少年研究所が二〇〇八年に行なった調査では、中学生と高校生の過半数が「自分はダメな人間だと思う」と答えています。自分に自信をもてない人たちが増えているのです。

読売新聞が二〇〇三年に発表した全国青少年アンケート調査によれば、七五パーセントが「努力しても成功するとは限らない」と回答しています。二〇〇六年に行なわれた高校生新聞の調査でも、四〇パーセントが「競争の結果、格差が広がるのはしかたない」と回答し、三〇パーセントが「努力しても報われない」と回答しています。この結果について、斎藤環さんは、「学習や修練によって自分が変わるという期待すら存在しない。まるで「自信がないこと」にかけては誰よりも自信があるとでもいうような、「確固たる自信のなさ」とでも言うべき態度」が、若い世代に蔓延《まんえん》しつつあると指摘しています。

「確固たる自信のなさ」の蔓延

昨今の若い人たちが、現在の自分を絶対視してしまいがちなのは、それを生まれもった自分のキャラと感じるようになっているからでしょう。だから、いまの自分の姿はそのまま将来も同じに違いないという確固たる信念が芽生えてくるのでしょう。とりあえず何かを実行に移しているうちに新しい世界が開けてくるかもしれないし、あるいは自分も変わっていくかもしれないといった発想が、ここから生まれてくるのは困難なことのように思われます。

しかし、長い人生のなかでつまずくことは、事件を起こした青年たちだけでなく、どこの誰にでも起こりうるものです。不気味で異質なものは、多かれ少なかれ誰のなかにも潜んでいます。私たちは、自らの内部に圏外を併せもっているのです。そのトロイの木馬の扉がいつ開かれるかは誰にも予測できませんし、日常生活の圏外に対してセキュリティをいくら強化しようと、またその圏内への監視の目をいくら緻密化しようと、この内なる圏外からの逃げ道もありません。

そうだとしたら、自分にとって不気味なもの、異質なものを圏外へと追いやるのではなく、むしろその異質さと折り合いをつけつつ、いかに生きていくべきなのか、私たちにはその知恵が問われていることになります。理想とは異なる「不気味な自分」と出会ってしまったとき、上辺だけを取り繕うような希望や癒しの言葉に安易に逃げ込むことなく、押し潰されそうな不安のなかにあえて踏み留まり、その受け入れがたい自分を受け入れていくにはどうすればよいのでしょうか。いわば人生の隠し味として、その経験を活かしていくにはどうすればよいのでしょうか。

いつどこで転んでも、再起しやすい社会の仕組みにすることがもっとも重要なのは当然です。しかし、それと同時に、そのつまずいた自分と向きあう力を身につけておくことも大切でしょう。振り返ってみれば、現在のように便利なコミュニケーション手段がなかった時代の人びとは、避けたくても避けようのない不都合な人間、向こうから迫ってくる異質な人間との付きあいを通じて、じつは不本意な自分、異質な自分との付きあい方も、否応なく学ばされていたのではないでしょうか。異質な他者の視点から自身を相対化して眺める力は、「不気味な自分」に出会ってしまったとき、その不安からパニックになるのを防いでくれる耐性力にもなりうるからです。

しかし、いつも同質な類友だけと固まって付きあっていると、いざ自分が受け入れがたい存在になってしまったとき、その自分は仲間からも受け入れがたい存在とみなされ、圏外化の対象とされてしまいます。その仲間は自分の分身と同じだからです。同質な人間関係だけをいくら増やしてみたところで、いざというときのセーフティ・ネットにはならないのです。

そして、私たちは、他者から受け入れられているという実感がないと、他者の視点から自分を相対化して眺めることも難しくなってしまいます。自己破滅型の犯罪が自己顕示欲をともなっているのも、人生における挫折が人間関係からの疎外として実感されているからでしょう。その意味で、他者に対する不寛容な態度は、自分自身に対する不寛容さをもたらしてしまうのです。

そもそも私たちは、いくつもの相互に異なる人間関係を多元的に営むことで、複数の視点から自分を相対化できるようになるものです。その結果、特定の一つの関係だけに極端に依存しなくてもすむようになります。人間関係への強迫観念から解放され、真に自己の安定を得るためには、たとえ一時的には自己肯定感が揺らごうとも、異質な他者とも付きあっていかなければなりません。もはや普遍的な価値の物差しを内面にもちえない現代人は、そうやって多種多様な人間どうしの人的ネットワークの網の目のなかに、自分肯定の基盤を見つけていくしかないのです。

では、これほどまでにネット環境が普及し、あえて不都合な他者と出会わなくても生きていけるようになった便利な時代に、いったい私たちはどうやって異種混交の人間関係を紡いでいけばよいのでしょうか。どうやって自己の耐性力を養っていけばよいのでしょうか。現代は、交通機関の発達で移動が便利になった反面、意図的にウォーキングでもしないと足腰が弱りがちな時代です。同様に、ネット環境の発達でコミュニケーションが便利になった反面、雑多な人間と出会う機会を意図的にでも設けていかないと自己の耐性力も育ちにくい時代なのかもしれません。

「不気味な自分」と向きあう力

本来、自分とは想像する以上に意外性を秘めた存在のはずです。だとすれば、「自分らしさ」なるものも、キャラのように固定的なものではなく、その想像の臨界を越えて変化していくもののはずです。現実の自分が、期待するイメージと完全に調和することはありえません。

そもそも自己とは、対人関係のなかで構築されていくものです。だからこそ、それは可塑《かそ》的なものなのです。現在、「不気味な自分」と向きあい、その生きづらさに悩んでいる人たちには、そして、その原因を自らの内に求めようとし、自己のキャラ化に走ろうとしている人たちには、そのまなざしを自らの内部へ向けるのではなく、むしろ外部へ向けてもらいたいと思います。

第三章でも触れたカウンセラーの岩宮恵子さんによれば、秋葉原の事件が起きてから、「自分も被害者になってみたい」と訴える生徒たちが相談室でも目につくようになったそうです。どこまで実感のこもった言葉なのか定かではありませんが、少なくとも事件に憧れを抱いてしまうのは、おそらく無垢な被害者の立場に置かれることで、友だちや親から尽きることのない自己承認を得られると思っているからでしょう。だから彼らは、被害者になりたいと訴える一方で、しかし仲間内では誰も傷つけたくないし、誰からも傷つけられたくないと訴えるのです。仲間内に葛《かっ》藤《とう》をもち込みたくないのは、そこだけが自己肯定感を得るための場となっているからでしょう。

ところが、青少年による犯罪が大きな社会問題となるたびに、我が子もその被害者になるかもしれないと恐怖に怯《おび》えた親たちは、そして、将来は我が子も犯罪者になるかもしれないと不安に駆られた親たちは、できるだけ子どもたちを安全圏内へと囲い込み、セキュリティを強化して純粋培養しようとしてきました。しかし、その過剰な介入こそが、じつは自己の耐性力を我が子から奪ってきたことに気づくべきです。しかも、子どもにとって親はもっとも身近にいる異質な存在のはずですが、今日の親たちは子どもと一体的な関係になってしまっています。そのため、もっとも身近なところで異質な他者と出会う経験を、みすみす子どもたちから奪っているのです。

では、異質な他者を圏外化するのではなく、むしろ積極的に心を開いていくにはどうすればよいのでしょうか。この課題は、若い人たちだけのものではありません。近年、新自由主義の浸透によって、一面的な自己責任のかけ声の下に、連帯の精神だけでなく、共生の基盤すらも根こそぎ浚《さら》われてきました。流動性を増す社会のなかで価値観も多元化し、多様な生き方が認められるようになったのに、いや、だからこそ、確固たる拠り所のない存在論的な不安から逃れようとして、付きあう相手をキャラ化して固定し、そして自分自身もキャラ化して固定し、許容しうる人間の幅を極端に狭く見積もるようになっています。そんな隘路《あいろ》を乗り越え、人生に新たな希望を見出すためには、多種多様な人たちとの世代を超えた出会いと共闘がどうしても必要です。

もちろん、わざわざ見知らぬ人との出会いを探すことだけが、異質な他者に触れる方策ではないでしょう。森博嗣原作・押井守監督のアニメ映画『スカイ・クロラ』は、キルドレという永遠に歳をとらない子どもたちを描いた作品です。主人公の優一は、自らの予定調和的な人生を切り崩そうともがき苦しみますが、その彼のこんなモノローグで映画は終わります。「いつも通る道でも違うところを踏んで歩くことができる。いつも通る道だからって景色は同じじゃない」。身近な関係のなかにも異質な要素は多く含まれています。まずはそこから目を見開いていくことが大切でしょう。そして本来なら、親子関係もまたそういうものであったはずなのです。

いま私たちが考えるべきなのは、目先の安心だけを求めて自分たちの生活圏を物理的・心理的なゲートで外部から閉ざすことではなく、むしろそのゲートを異質な世界へ向けて開放していくことではないでしょうか。キャラに囚われずに目を見開いていけば、身近な世界のなかにも異質な要素を見出せますし、異質な世界のなかにも自分と同質な要素があることに気づくはずです。その試みに即効性は期待できませんが、子どもたちを人間関係への強迫観念から解放し、ひいては過剰な関係依存から生じている諸問題から解放するための礎《いしずえ》にはなりうると思います。

　現代は、コミュニケーションのトレーニングもたしかに必要な時代なのかもしれません。しかし、それだけでは問題の根本的な解決には至らないでしょう。コミュニケーションとは、相手との関係しだいで濃密にも希薄にもなりうるものです。そして今日では、それが自己肯定感を大きく左右するようになっています。間接自殺の亜種ともいうべき一連の無差別殺傷事件が私たちに突きつけているのは、この排除型社会の仕組みとそれを支える心性を克服できなければ、いずれ最後には、自分自身を自分から排除せざるをえない結末が待っているという「宿命」なのです。

本書で触れた文献のリスト（著者の五〇音順）

浅野智彦編『検証・若者の変貌――失われた一〇年の後に』勁草書房、二〇〇六年
伊藤剛『テヅカ・イズ・デッド――ひらかれたマンガ表現論へ』NTT出版、二〇〇五年
岩宮恵子『フツーの子の思春期――心理療法の現場から』岩波書店、二〇〇九年
岩村暢子「現在を読む――親たちのネット行動」『毎日新聞』文化面、二〇〇九年三月二三日
苅谷剛彦『階層化日本と教育危機――不平等再生産から意欲格差社会へ』有信堂、二〇〇一年
斎藤環『「負けた」教の信者たち――ニート・ひきこもり社会論』中公新書ラクレ、二〇〇五年
斎藤環・酒井順子『「性愛」格差論――萌えとモテの間で』中公新書ラクレ、二〇〇六年
土井隆義『友だち地獄――「空気を読む」世代のサバイバル』ちくま新書、二〇〇八年
荷宮和子「団塊ジュニアはバカなのか!?――サブカルチャーで読み解くジェンダー」『大航海』四三号、二〇〇二年
荷宮和子『若者はなぜ怒らなくなったのか――団塊と団塊ジュニアの溝』中公新書ラクレ、二〇〇三年
P・ブルデュー／J＝C・パスロン（宮島喬訳）『再生産――教育・社会・文化』藤原書店、一九九一年
見田宗介『まなざしの地獄――尽きなく生きることの社会学』河出書房新社、二〇〇八年
山本七平『「空気」の研究』文藝春秋、一九七七年

土井隆義

1960年生まれ．筑波大学大学院人文社会科学研究科教授．専攻は社会学．大阪大学大学院人間科学研究科博士課程中退．著書に『「個性」を煽られる子どもたち──親密圏の変容を考える』(岩波ブックレット，2004年)，『友だち地獄──「空気を読む」世代のサバイバル』(ちくま新書，2008年)，『〈非行少年〉の消滅──個性神話と少年犯罪』(信山社，2003年)．共編著に『社会構築主義のスペクトラム──パースペクティヴの現在と可能性』(ナカニシヤ出版，2001年)．

キャラ化する／される子どもたち
──排除型社会における新たな人間像

岩波ブックレット 759

2009年 6月5日 第1刷発行
2023年11月6日 第18刷発行

著　者　土井隆義《どいたかよし》

発行者　坂本政謙

発行所　株式会社 岩波書店
〒101-8002 東京都千代田区一ツ橋 2-5-5
電話案内 03-5210-4000　営業部 03-5210-4111
https://www.iwanami.co.jp/booklet/

印刷・製本　法令印刷　装丁　副田高行　表紙イラスト　藤原ヒロコ

ISBN 978-4-00-009459-7　Printed in Japan